DE L'ORIGINE

DES

CHINOIS ET DES INDO-CHINOIS

PAR

Le Dr E. VERRIER

Secrétaire général honoraire de la Société d'Ethnographie,
Officier de l'Ordre du Dragon d'Annam.

Extrait du *Bulletin de la Société d'Ethnographie*

25 NOVEMBRE 1898

CLERMONT (OISE)

IMPRIMERIE DAIX FRÈRES

3, PLACE SAINT-ANDRÉ, 3

—

1898

DE L'ORIGINE

DES

CHINOIS & DES INDO-CHINOIS

PAR

Le D' E. VERRIER

Par la réunion de certains documents orientaux, surtout chinois et pour la plupart encore inconnus, M. Léon de Rosny, dans son cours à l'École pratique des Hautes-Études, a établi qu'une double migration de peuples, habitants les uns au nord, les autres au sud de la mer d'Aral, avait eu lieu environ 3000 ans avant notre ère.

Ces peuples se dirigeant à l'Est du côté du soleil levant, contrairement à ceux du Pamir qui ont pris leur direction vers le sud (Inde) et vers l'occident (Europe), sont arrivés en Chine jusqu'à la mer, et d'autres, ceux du sud de la mer d'Aral, se dirigeant diversement au sud-est, seraient arrivés au Tong-kin et jusqu'en Cochinchine fondant sur leur passage des royaumes qui ont eu leur heure de prospérité et dont plusieurs existent encore, tels sont la Barmanie, le Lao, le royaume Kmer et peut-être le Siam et le Cambodje.

On en a comme preuve des inscriptions Sibériennes antiques en rapport avec l'écriture Japonaise moderne. D'autre part, M. Ujfalvy, dans la planche XIX de son Atlas des antiquités assyriennes et altaïques, t. V et VI, reproduit d'après Spassky, des inscriptions en caractères coréens et cunéiformes qui indiqueraient aussi une migration préhistorique se dirigeant partie sur l'Assyrie, partie sur le nord de la Chine.

Nous ne pouvons certainement que respecter la tradition Chinoise en raison de son habituelle précision et de l'honnêteté scientifique de ses historiens. N'empêche que les commencements de l'histoire de la Chine sont destinés à rester encore longtemps sans solution.

Gaubil et de Mailla ont bien posé les bases d'une chronologie, mais M. Legge en a contesté la valeur et force nous est d'en rester aux conjectures sur ce point historique important.

Lorsque l'on consulte les documents chinois, ils répondent que la race Jaune est autochtone.

Pourtant aussi loin qu'on plonge dans le passé de ce peuple, on ne le voit jamais adonné à la vie pastorale qui, comme chacun sait, a été l'origine des peuples primitifs. Le lait des animaux est toujours resté étranger à leur alimentation : il est prescrit seulement par leurs médecins dans leur thérapeutique et dans leur hygiène.

Plusieurs origines leur ont été attribuées, mais leurs annales sont enveloppées de ténèbres qui en attestent la haute antiquité. Si nos prévisions sont exactes, ils seraient précisément un rameau de ces Touraniens qui parti soit de l'Oural, soit du nord du lac d'Aral se serait dirigé à l'Est et arrêté sur les bords de la mer Jaune, que nous appelons aussi la mer de Chine.

Il existe au sein de la Chine actuelle des hordes sauvages que l'on désigne dans les livres et sur les cartes sous le nom de *Miao-tse*. Peut-être faudrait-il voir là les débris de cette migration préhistorique que les Chinois actuels, en majeure partie Mantchoux par le fait d'infiltrations successives et de conquêtes, appellent *Fan*, *Tsiang*, et *Miao* et qu'ils tiennent pour étrangères ou barbares.

Pauthier disait que le nom de Miao-tse signifiait « Fils des champs incultes ». Ceux-là donc auraient eu une origine pastorale et l'on sait en effet que la vie des peuples de l'Aral se passait sous la tente, comme le font encore les pasteurs nomades de la steppe Sibérienne. Aujourd'hui ils se livrent à un rudiment de culture, et se cantonnent dans les montagnes que les Chinois envahisseurs leur abandonnent pour mieux soigner leurs rizières.

Les Miao-tse ont eu une phase historique assez brillante avant la conquête Mantchoue. Ainsi dans la province de Koueï-tcheou, il y avait deux tribus importantes, l'une presque blanche, très certainement venue du nord de l'Aral, l'autre plus jaune, rameau peut-être détaché de la migration du sud dont nous parlerons tout à l'heure, était la plus célèbre.

Tous ces hommes sont grands, dit un historien chinois, bien constitués, avec les yeux enfoncés, le nez aquilin. Ils rasent leurs moustaches et laissent flotter leur barbe au vent.

Au temps de la dynastie des Han, l'un de ces hommes se distingua et les Miao-tse gouvernèrent la contrée pendant plusieurs générations. Les chefs réglaient les affaires de la tribu et n'étaient pas obligés au *Ko-teou* envers l'empereur. Ce qui ne les a pas empêchés d'envoyer des ambassadeurs à Nanking, alors que le souverain de la Chine y tenait encore sa Cour. Leur langue, distincte de celle des peuples qui les entouraient, et surtout leurs caractères écrits, rappelaient ceux employés par les Coréens. D'après certains auteurs, l'habitude ethnique de la couvade existerait parmi les Miao-tse.

Doudart de Lagrée, dans son expédition, a rencontré des Miao-tse sur les hauteurs qui dominent la vallée du fleuve Bleu (t. I, p. 533, de la publication de la Société d'Ethnographie), s'isolant ainsi et des Chinois et des Musulmans qui sont en grand nombre dans le Yunnan. Le P. Gaubil les dépeint sous des couleurs assez sombres, mais il est probable que l'ostracisme dont les Chinois font preuve à leur égard, les aura fait peu à peu reculer vers l'état sauvage qui ne manque pas de charmes pour des indépendants.

Le premier point du Yunnan qui fut occupé par les Chinois sous le règne de Han Wou-ti, après la conquête, fut l'espace compris entre le Nan-gan jusqu'au lac Poyang. Or, toute cette région était habitée par les Miao-tse que les Chinois appelaient Nan-yue.

Donc les provinces méridionales de la Chine avaient été longtemps dominées par des peuples qui, a plus forte raison que les Chinois, auraient pu passer pour autochtones.

Ces peuples étaient les Miao-tse et devaient venir du pourtour de la mer d'Aral, 3.000 ans avant notre ère. Pauthier dit qu'un homme blanc apporta la civilisation en Chine 3.500 ans avant J. C.

Nous avons dit qu'un rameau de ces Miao-tse était de couleur blanche. Or il est prouvé que la coloration jaune afflue surtout sur la côte orientale et qu'un retour au type primitif blanc se manifeste dans toutes les provinces occidentales de l'Empire.

Revenons maintenant aux migrations parties du sud de la mer d'Aral.

Nous avons vu qu'un rameau avait pu s'en détacher et, suivant la chaîne des monts Ling qui séparent les provinces du sud de la Chine de celles du centre, venir se joindre au rameau blanc, parti du nord de l'Aral, pour constituer les Miao-tse du Yunnan et les Lolo ou Lalo.

Mais le gros de la migration, laissant les monts Ling à sa gauche, se répandit en essaimant ses tribus sur son parcours pour arriver au Tong-kin et à la Cochinchine, limites orientales de ces migrations. C'est ainsi que ces peuples s'établirent dans la Barmanie, les royaumes d'Aracan, d'Ava, de Pégou, le Siam et le Cambodje, où ils se retrouvèrent avec leurs frères déjà fixés dans la Cochinchine et le Tong-kin. Le Lao fut formé d'une partie du territoire des Lalo du Yunnan.

Les tribus des Chan, des Chajen ont encore leurs représentants en Barmanie. Les Liao et une partie des Miao mêlés aux populations chinoises du Kouang-si et du Koueï-tcheou, s'infiltrèrent aussi dans le pays; les uns, se soumettant aux conquérants, furent nommés par ceux-ci les Mans, et les Lao ou Lalo, non soumis, restèrent pour les Chinois les Y.

Le missionnaire Paul Vial, a publié dans les *Mémoires* de notre Comité Sinico-Japonais (t. IX, 1890) une notice sur les Lolos, leur administration, leurs mœurs, leur caractère, leur religion et surtout leur langue et leur écriture.

Celle-ci ressemble tellement à celle des Chinois que ces derniers affirment qu'elle est la leur sous la forme dite Ko-teou. Tel est aussi l'avis de M. Bourne, ancien consul anglais. Il faudrait consulter à ce sujet M. Jacques Tasset qui, pendant un long séjour en Chine et au Tong-kin, a fait une étude particulière de ces caractères qu'il a comparés aux caractères Japonais et Coréens. Or, on sait que ces derniers se sont retrouvés gravés sur des rochers en Sibérie (voy. l'Atlas de M. Ujfalvy, déjà cité).

Quant aux Chan, auxquels on attribue un livre en caractères inconnus des sinologues, ils auraient, d'après les uns, pris des signes de l'écriture pâli, comme l'ont fait les Birmans ; d'après les autres, ils auraient plus ou moins modifié les caractères cunéiformes signalés dans l'atlas de Ujfalvy parmi les peuples primitifs du sud de la mer d'Aral.

Ces caractères en effet, bien qu'en forme de clous, ne seraient pas, d'après le savant M. Jules Oppert, de vrais cunéiformes, comme ceux des stèles de la Mésopotamie. Soit, mais ne seraient-ils pas les premiers cunéiformes, de même que chez les Chinois les signes idéographiques ont précédé les signes dont les 214 clefs chinoises nous donnent l'interprétation ?

Je ne chercherai pas à lever par la méthode critique le voile qui recouvre encore les origines de la Chine.

Je laisse cela aux sinologues qui sont plus aptes que moi à consulter les textes de Confucius ou de Laotse.

Je veux seulement tenter d'établir l'existence de grandes migrations dont on a retrouvé des traces dans le sud de l'empire Chinois, leur passage par les montagnes et les vallées qui séparent l'Inde de la Chine et leurs établissements divers du nord au sud de la Cochinchine. Aussi bornerai-je à cela ce que j'ai dit déjà des populations anciennes de ces contrées.

Je chercherai seulement à suivre leurs traces depuis la mer d'Aral.

Les premières migrations sont descendues des montagnes au nord de l'Himâlaya vers le fleuve Jaune.

Au nord de la mer d'Aral, on retrouve des monuments de l'art de cette époque qui était déjà très avancé ; aujourd'hui tout est retombé dans la barbarie.

Les habitants des bords de l'Aral étaient *anaryens*. Ce sont eux qui émigrèrent et portèrent l'écriture en Chine, au Japon et en Corée.

Ceci ne prouverait pas que l'écriture vînt de l'extrême-Orient pour revenir ensuite en Europe, mais qu'elle est originaire d'un centre asiatique assez proche du point que l'on assigne pour berceau au genre humain, et que, de là, elle a pénétré à l'occident par des migrations successives comme a été celle d'Attila.

M. Max Muller rapporte des légendes importantes qui existeraient à ce sujet dans l'empire Chinois.

Ainsi donc les temps préhistoriques de la Chine ont été retrouvés dans les montagnes au nord de l'Himàlaya ; des migrations sont descendues de ces hauteurs vers le fleuve Jaune. D'autres sont venues des bords de la mer d'Aral. Leur écriture n'était ni figurative, ni idéographique ; elle se rapprochait de l'écriture précolombienne. Leurs migrations auraient-elles franchi le Pacifique pour pénétrer en Amérique ? La légende de Deguignes, serait-elle une vérité ?

Une autre migration paraît avoir été déterminée par une visite d'un des empereurs de l'Extrême-Orient à une reine de l'Asie Centrale. A son retour dans ses états, une tribu de l'Asie connue sous le nom de *Kouro*, alla à la suite de ce prince se fixer dans les îles auxquelles elle donna son nom confondu avec celui d'Aïno que de Quatrefages a classé parmi les races Blanches. Il est certain que les Aïnos habitaient le continent asiatique et qu'ils sont venus s'établir aux Kouriles et au sud du Kamschatka.

Peut-être même venaient-ils de l'Inde ; en tout cas ce sont des préhistoriques.

On trouve dans le Chan-haï-king (géographie du XXe siècle avant notre ère) que les Aïnos ou Kouriliens habitaient l'Asie et les îles de l'Orient lorsque se fit la première migration au sud du Nippon sous la conduite de Zin-mou.

Ce n'était et ne pouvait être une migration chinoise, parce qu'à cette époque les Chinois ignoraient encore l'écriture et qu'ils ne voyageaient jamais sans avoir avec eux des historiens, un livre, donc l'écriture.

M. de Rosny raconte une entrevue entre Zin-mou et le chef des Aïnos. Ils firent échange de flèches en signes de fraternité. D'après M. de Rosny, les Aïnos de l'époque primitive étaient monothéistes, ceux de la seconde époque sont devenus sintauïstes.

Une lutte s'est établie par la suite entre les Aïnos et les Japonais ; les premiers furent refoulés dans l'île de Yéso, au nord et dans les Kouriles où on les retrouve aujourd'hui.

Ainsi donc des migrations descendues du centre de l'Asie sont venues civiliser l'Orient, tandis que d'autres allaient dans l'Inde, l'Asie antérieure et l'Europe.

Pour reconnaître ce qui appartient à celles qui se sont établies en Chine, Indo-Chine, Japon, Corée, etc., pour pouvoir remonter à l'origine de tous ces peuples réunis aujourd'hui en quelques grandes nations, il ne faut pas se fier à l'anthropologie, ni à la philologie qui ne sauraient éclairer ces problèmes des débuts de l'humanité dans les pays d'Extrême-Orient.

Si l'on rencontre dans ces populations diverses des idées semblables et si ces idées les ont poussées à accepter un régime politique ou économique commun, c'est qu'il arrive souvent que des peuples, d'ailleurs très étrangers les uns aux autres, ont des idées communes. La forme des pierres taillées et polies des peuples préhistoriques, répandues si universellement sur le globe en est la preuve évidente. Que cela tienne à la similitude des circonvolutions cérébrales ou à l'analogie de la couche corticale indépendante de la conformation crânienne, ou à toute autre cause, il n'est pas moins vrai que ces peuples n'ont jamais eu d'autres rapports que ceux tout accidentels de l'esprit.

Ne retrouve-t-on pas aux débuts des âges le régime communautaire aussi bien en Orient qu'en Occident ? Dira-t-on que c'est le résultat des migrations ? Mais dans la préhistoire la preuve de ces migrations n'est pas faite, et pourtant la communauté primitive existait.

Quant à la question de l'écriture chez les anciens, il s'est opéré un travail qui a produit l'écriture figurative chez les uns, cunéiforme chez les autres (J. Oppert), hiéroglyphique ou idéographique ailleurs et c'est cette dernière qui, modifiée, abrégée, simplifiée pour les usages particuliers de chaque groupe de population, a fini par ne plus être représentée que par des signes, comme dans l'écriture précolombienne, ou celle qui existait dans l'Asie centrale d'où elle s'est répandue avec les migrations à l'est de ce continent.

Dans un de ses livres (1), M. de Rosny a donné une idée de cette transformation en représentant primitivement un cœur tel qu'il est chez tous les humains. Puis il paraphrase les divers compléments phonétiques que l'on peut tirer de cette figure du cœur. Il étend sa comparaison aux quadrupèdes : cheval, jument ; aux oiseaux : aigle, etc., et démontre que la figure de ces animaux peut se tracer rapidement au pinceau comme l'image du cœur lui-même. Ce système polyphonique représente une série de sons par la même image.

Donc les peuples les plus étrangers les uns aux autres peuvent avoir des points communs dans l'écriture, mais il serait infiniment rare que tout un système d'écriture soit semblable s'il n'a une origine commune.

L'écriture alphabétique indienne est d'origine géométrique. Les inscriptions trouvées en Sibérie éclairent la question chinoise et démontrent l'initiative de l'esprit humain.

Déjà Deguignes, dont j'ai plus haut cité le nom, après avoir examiné l'origine des lettres phéniciennes, hébraïques, éthiopiennes et arabes, avait conclu que les caractères chinois n'étaient que des espèces de monogrammes formés de trois lettres phéniciennes, et que la lecture qui en résulte produit des sons phéniciens ou égyptiens.

Les pronoms, les particules qui servent à distinguer les genres sont venus confirmer ces conclusions. Tous les mots chinois se retrouveraient encore dans la langue copte, qui est un reste dans l'ancienne langue de l'Égypte.

(1) *Introduction au cours de Japonais.*

S'en suivrait-il, comme le dit Deguignes, que la Chine ne serait qu'une colonie égyptienne ? Rien ne le prouve, et beaucoup d'ethnographes sont d'un avis contraire ; quelques savants anglais ont même avancé que les Egyptiens venaient des Chinois.

Sur ce point, en me basant sur les monuments et les inscriptions trouvés aux environs du lac d'Aral, deux migrations à peu près contemporaines et en tout cas préhistoriques sont parties du lac d'Aral pour peupler d'un côté l'Asie antérieure et l'Égypte, de l'autre la Chine et l'Indo-Chine.

Cette dernière se serait répandue en Corée et plus tard, traversant la mer jaune, aurait pénétré aux îles du Japon, déjà habitées par les Aïnos venus par le Nord de l'Asie.

Les travaux des auteurs qui se sont occupés du peuplement primitif des régions comprises entre la Sibérie occidentale et les bords de la mer chinoise ou indo-chinoise donnent peu de détails sur l'origine de ces populations. Ainsi le Dr Leitner qui a établi un vocabulaire des langues du Hounza, du Nagyr et d'une partie du Yasin, raconte bien les mœurs sauvages de ces peuples, mais il est muet sur leurs origines. Le Hounza, d'ailleurs, n'a jamais été exploré d'une manière scientifique. Les habitants se croient sous la protection de la Chine, ce qui semblerait indiquer qu'ils sont un rameau de la grande migration qui a peuplé la Chine (1).

D'après Richthofen, les Yuëtchi qui habitent l'orient du bassin du Tarym sont partis de leur lieu d'origine au 15e siècle avant J. C. et, après avoir traversé la Tsoungarie transoxiane et la Bactriane, sont arrivés en 128 au lieu qu'ils occupent aujourd'hui. Or leur point d'origine quel pouvait-il être si ce n'étaient les bords ou les environs de la mer d'Aral ?

Le même auteur traitant de l'origine des Toukhares et de leurs migrations, dans son 1er vol. sur la Chine, dit que la désignation de Yuëtchi appartient à une population de la dynas-

---

(1) Extrait des *Comptes-rendus de l'Académie des Inscriptions et Belles-Lettres*, 1878.

tie des Han qui aurait habité les environs de Khotan avant de pousser plus à l'Orient. Ceux qui les ont remplacés seraient des Haïthal, des Perses, qui, poussant plus loin leurs colonies, seraient devenus les Yéta de la dynastie des Weï.

En somme, plusieurs peuples ont habité la Toukharie à des époques diverses, qui, poussés par des circonstances que nous ne connaissons pas, ont poursuivi leurs migrations du côté de l'Orient (1).

Parmi ces peuples on cite encore les Huns blancs, les Thédal, les Kouchan et d'autres qui ont au contraire dirigé leur exode à l'Occident, comme les Arméniens et les Arabes ; enfin les Djates, actuellement passés dans l'Inde et les Indo-Scythes des Grecs.

Richthofen dit bien qu'une différence ethnique existe entre les Toukhares et les Yuëtchi, mais étant données les migrations avec séjour plus ou moins prolongé sur un même point de difrents peuples, n'est-il pas vrai que des croisements ont dû nécessairement se faire qui ont altéré les types primitifs et ôté une partie de leur valeur aux différences anthropologiques.

Le colonel anglais Yule, qui a traversé le pays et en a étudié les mœurs, hésite sur la version qu'il s'agit d'adopter, mais cet honorable gentleman s'appuie sur les usages qui se modifient avec le temps, au lieu de s'en référer aux caractères de l'écriture creusés sur les rochers de la Sibérie qui donnent une origine plus certaine à la langue parlée et surtout écrite de ces populations.

Strabon, liv. xi, chap. 8, v. 2, p. 438, identifie les Toukhares avec les Touholo et les Yuëtchi. Il est clair qu'il fait là une confusion (2).

D'après Spiegel, les Yuëtchi en arrivant dans la Bactriane ont anéanti les chefs de la population, se sont annexé celle-ci et se sont fixés dans le pays pour un temps assez long.

(1) Voy. Vivien Saint-Martin, *Mémoire sur les Huns Blancs ou Éphthalites des Byzantins*, Paris, 1850, pp. 233, 351.
(2) Voir à ce sujet : Elliot, *Memoirs on the history*, London, 1869, et le général Cunningham, *Archeological Survey of India*, t. II, Ethnology, p. 43, 82.

Sous la dynastie des Han, les Chinois donnaient des noms tirés de leur langue aux peuples qu'ils voulaient citer, sans autrement tenir compte de leur nom véritable. Or rien n'est plus propre à dérouter les ethnographes ; ainsi, pour ne citer qu'un exemple, ils appellent le Gange *Heng-ho*, la ville de Bénarès *Po-lo-naï*, leur réformateur religieux Brahma, *Fan-lou-mo* et par abréviation *Fan*, Bouddha *Foto* et par abréviation *Fo*, et ainsi du reste.

Il est vrai qu'en chinois la traduction des noms propres, d'après le marquis d'Hervey de Saint-Denys, est une chose fort délicate et scabreuse et il faut être très familier avec les littératures étrangères pour restituer la forme originale des noms de peuples, d'hommes ou de villes, que les interprètes chinois avaient voulu rendre.

Plus tard, ils remplacèrent ces noms par d'autres qui n'étaient que les noms mêmes de ces peuples accommodés à la prononciation chinoise ; exemple : Yuëtchi pour Touholo, considérés par les Chinois comme identiques (colonel Yule), ce qui explique, pour le dire en passant, la difficulté que nous éprouvons d'identification des noms dans l'histoire des migrations humaines.

Vasconcelles dit que les empereurs Tang ont donné le nom de Yuëtchi-fou à la capitale du pays Toukhare, parce que ce nom, familier aux Chinois, affirmait leur droit de conquête. Les Toukhares étaient maîtres de la route qui conduit du bassin du Tarym jusqu'à Sadôk. Ils avaient abandonné la route occidentale aux Sèves qui, du temps de Pline, importaient des peaux à travers l'Himâlaya. Ils avaient des cheveux blonds et des yeux bleus.

Les Tcheou avaient une religion depuis le XIIe siècle avant J.-C.

La ville de Oukkou était la capitale d'un pays plus au nord que le Nipour. Sennachérib poussa ses conquêtes jusque-là. Il établit son camp en face d'Anara. Le roi du pays s'enfuit en Orient.

Les Toukhares ne sont pas des peuples du Tibet comme les

Yuëtchi (1). Ils avaient des casques et des chariots tirés par des bœufs comme les Huns d'Attila (2). Ils étaient en étroites relations avec les Pélasges (3).

Deux siècles avant J. C. un peuple habitait sur les bords du Targin. Les Chinois donnaient à ce peuple le nom de *tête de cheval*, sans doute à cause de leur dolichocéphalie.

On nous les dépeint comme ayant les yeux enfoncés, le visage long et le nez saillant. Ils étaient nomades et campaient sous la tente depuis l'occident (probablement les monts Oural) jusqu'à Torfou près le lac Balkach et s'étendant jusqu'au lac Issykol, où l'on a rencontré des inscriptions cunéiformes (Ferghâna).

Hiouen-tsang dit que les Touholo avaient disparu depuis longtemps du versant des monts Kuenlun lorsqu'il a visité la contrée, si jamais, ajoute-t-il, ils y avaient habité.

Il est probable que ces populations étaient d'origine Tibétaine, mais de civilisation Éranienne, si l'on s'en rapporte à leur respect pour le chien et l'usage de traiter les cadavres. A l'ouest du désert de Gobi, contrée actuellement inhabitable, on a dernièrement trouvé les débris de grandes villes, là où il ne pousse plus un brin d'herbe (Barclay).

Dans ces ruines on a trouvé des inscriptions bouddhiques, ce qui prouve qu'elles étaient encore habitées quelques siècles avant J.-C. De même les ruines antiques ont été rencontrées à l'est du même désert que l'on a attribué aux Toukhares.

Pour quelques auteurs, les Toukhares correspondraient aux Indo-Scythes (4). Ils seraient donc d'origine aryenne.

---

(1) Voir les fig. de Chabas, *Études sur l'antiquité*, p. 286 à 370 et 312 à 313.
(2) *Peintures murales Egyptiennes.*
(3) Voir *les inscriptions de Chabas*.
(4) Les Scythes de toutes races étaient répandus au nord de la mer Noire. On distinguait : a) les Scythes d'Europe qui étaient Japhétistes et b) les Scythes d'Asie qui étaient Touraniens.
Leur nom vient de *Schietha* « archers », parce que tous se servaient de l'arc. (Fr. Lenormant.)
La limite des premiers (Scythes d'Europe) était l'Hyspanès ; au delà se trouvaient les Andophages ou Finnois.

Pourtant, les assyriologues ne trouvent aucun élément ethnique aryen en Arménie avant le VIII⁰ siècle avant J.-C.

Cet élément aryen descendit dans le bassin de l'Euphrate avec les Mèdes et les Perses. Battus par Sennachérib, les Toukhares du Nipour, qui vivaient sur le sommet des montagnes, émigrèrent vers le nord.

Plus à l'orient les Mantchoux, au nord de la Chine, vivent de la pêche sur les bords du fleuve Amoûr. Plus au sud et touchant à la Chine, ils se livrent à l'agriculture, ils sont sédentaires et plus civilisés que leurs semblables du fleuve Amoûr. (Voy. Henry de Rosny, dans les *Mémoires de la Société d'Ethnographie*, t. X.)

Petit à petit les Chinois s'insinuèrent parmi eux et eux-mêmes descendirent en Chine. La civilisation chinoise les pénétra, mais dans le nord les Mantchoux restèrent sauvages, conquérants, vivant dans leurs forêts vierges et leurs montagnes avec les bêtes sauvages au milieu de nombreux cours d'eau, sur un terrain volcanique dont les cônes ne se prêtent guère à l'agriculture.

D'autres populations habitaient aussi les rives du fleuve Amoûr au nord de la Mantchourie étant venues probablement avec des migrations parties du lac d'Aral en même temps que celles qui ont peuplé le sud de la Chine et de l'Indo-Chine (1)

Comme complément bibliographique des migrations soit au nord, soit au sud de la Chine et en Indo-Chine, nous citerons :

Abulfari Bayardier : *Histoire générale des Tatars*.

Girard de Rialle : *Asie Centrale*.

Entre le Hyspanès et le Borysthène existaient des tribus Scythes civilisées ; elles étaient agricoles.

Au Panticopès commençaient les Scythes nomades (Touraniens).

Il est probable que les Indo-Scythes dont il est question dans ce travail, étaient des Japhétistes (Toukhares).

Il y avait encore d'autres peuples nomades dans la région, ainsi les Budins qui furent conduits par Odin en Scandinavie ; mais au nord-est des Budins étaient encore d'autres Scythes, mais Touraniens.

(1) Voir : Olivier de Beauregard, *Kachmir et Tibet. Orient, âges et peuples* ; Vasconcellos, *Origine probable des Toukhares et leurs migrations à travers l'Asie.* Congrès de Lisbonne, 1880.

P. Naïs : *Sur les Moïs et les sources du Dong-naï.*

Le Dʳ Harmand : *Sur la Birmanie et le Laos.*

de Quatrefages : *Sur les Maoris indépendants.*

Reynaud : *Sur les Tsianes et les sauvages bruns de l'Indo-Chine.*

J. Edkins : *The Miau-tsi Tribes.*

Capus : *Sur la vallée des Yagnaous.*

Dʳ Hamy : *Travaux de Janneau. Anthropologie du Cambodge et documents inédits sur les Bougors* (Tomks).

Dʳ Maurel : *Anthropologie et Ethnographie des Kmers*, dans le *Bull. de la Société d'Anthropologie.*

Après avoir exposé les caractères primitifs de l'écriture gravés sur les rochers de la Sibérie comme élément d'appréciation des migrations humaines, il nous reste à dire un mot sur l'anthropologie et l'archéologie préhistorique. S'il est vrai, comme nous le croyons, que la migration venant du sud de l'Aral ait pénétré jusque dans la péninsule indo-chinoise, on doit pouvoir retrouver quelques caractères anthropologiques entre les populations Kmers et celles que nous avons supposé de même origine, en tenant compte toutefois des métissages qui ont pu se produire pendant cette migration et les longues étapes ou séjours qui l'ont accompagnée.

Pour cela, je m'adresserai précisément au Dʳ Maurel, le dernier des auteurs cités dans ma bibliographie, qui a séjourné longtemps au Cambodge en qualité de médecin de la Marine et a étudié avec soin les populations qui habitent la contrée.

Il les divise en trois groupes : 1º les débris de la population autochtone, ou premiers arrivants dans le pays ;

2º Les débris des peuples de l'ancien royaume du Ciampa réfugiés au Cambodge ;

3º Le groupe Kmer, de beaucoup le plus important, et sur lequel portent principalement les études de M. Maurel.

Le Kmer présente deux types assez distincts, l'un svelte, maigre, l'autre court et trapu.

Indo-Européen par la démarche et par le corps, le Kmer est mongolique par la face et dans le repos. Pour le teint, le bridement des yeux, les caractères des pieds et des mains, il est intermédiaire entre les races noires de l'Indo-Chine et les races jaunes. Taille moyenne 1 m. 62; marche sûre et dégagée, cheveux noirs portés courts, barbe presque nulle, nez le plus souvent droit; les plus petits l'ont légèrement aplati; lèvres moyennes; dents droites excellentes, non mutilées; yeux bridés, 75 fois sur 100.

Leur architecture présente des traces de la religion brahmanique; les bas-reliefs d'Angkor, représentant l'époque du Ramayana, et la tradition, très vivace encore au Cambodge, prouvent qu'ils ont fait un séjour dans l'Inde avant de s'établir au Cambodge.

Les figures de leurs plus anciens monuments ont le nez plus droit et les yeux moins bridés que les Kmers de nos jours.

Ils ressemblent à s'y méprendre aux Kouriliens, qui ne sont pas tous Aïnos, et paraissent provenir d'une même souche.

Les femmes Kmer ne dépassent pas 1 m. 50; leur peau est un peu moins foncée que celles des hommes et, comme eux, elles portent les cheveux courts.

Leur démarche est digne, le buste en arrière, la tête et les seins fièrement portés.

Parmi les conclusions que tire M. Maurel de ses études, il en est une qui nous intéresse particulièrement. C'est que ce peuple serait venu sous l'impulsion aryenne, après avoir traversé l'Hindoustan où il a dû faire un long séjour. Cette migration, une des dernières des Aryens, n'a commencé que longtemps après l'arrivée de ceux-ci dans le bassin du Gange. Elle était surtout composée de Koraliens et de Dravidiens qui venaient du nord-est de l'Inde.

Le type primitif a été modifié par les infiltrations et les invasions des peuples voisins de race jaune.

Les inscriptions Kmers ne sont pas d'origine indienne et elles se distinguent nettement des inscriptions sanscrites.

Passant plus à l'orient, nous dirons quelques mots des Annamites et des Tongkinois, peuples extrêmement mélangés et parmi lesquels on retrouve les autochtones sous les noms de Moï et Muong.

Les *Muong* du Tong-kin ne diffèrent guère des *Moï* de l'Annam et pourraient provenir d'un même tronçon coupé en deux.

Cependant, dans le nord-est du Tong-kin, on trouve des montagnards plus spécialement désignés sous le nom de *Thos*, qui mérite de nous arrêter.

Tandis que les Moï et les Muong sont presque sauvages, les Thos sont aussi civilisés que les autres Tongkinois.

Les montagnes et les vallées qu'ils occupent sont situées dans la province de Caobang, sur les confins de la province de Langson.

Les Thos se rapprochent beaucoup de la race Blanche. Ils sont remarquables par l'élégance de leur taille, leur beauté plastique, la régularité de leurs traits et la propreté de leur gracieux costume. C'est du reste une population riche et les vallées ou les pentes qu'ils cultivent sont très bien tenues et fort fertiles.

Les *Man*, qui habitent aussi la même province dans sa partie nord, limitrophe de la Chine, se distinguent par l'originalité et les couleurs voyantes de leurs costumes, mais ils présentent à peu près les mêmes caractères ethnographiques que les précédents. Leur goût pour les couleurs criardes semble seul indiquer une différence de tribus à l'origine de la migration.

Les Moï pénètrent rarement sur le territoire de l'Annam ; le commerce se fait par échange dans des villages de la frontière où sont établies les douanes de la cour de Hué.

Loin d'être des conquérants, avant 1887, ils ne possédaient pas d'armes à feu et en étaient encore à l'arc et au sabre pour se défendre contre les tigres et les pirates.

On retrouve également des Kmers parmi les Tongkinois ; ceux du haut pays qui se rapprochent du type Kmer élancé que nous avons décrit, mais il est plus métissé de Chinois du Yun-nan ; et ceux de la plaine de plus petite taille, mais trapus et vigoureux ; quant à l'Annamite de la Basse-Cochinchine, il est encore plus petit que le Kmer de petite taille, il est aussi moins trapu. Il porte les cheveux longs retroussés en nattes ou en chignon, ce qui suffit à le distinguer du Kmer.

Il est moins métissé que l'Annamite de Hué ou du Tong-kin. Il y a un type intermédiaire dans le pays qu'on nomme *Minh-huong*, qui n'est lui-même qu'un métis de père chinois et de mère annamite. Enfin, la contrée est infiltrée de Chinois pur sang, mais on y rencontre très peu de Chinoises.

Celles qui se trouvent en Cochinchine appartiennent presque toutes à la basse classe. Ce sont la plupart des prostituées.

La femme de la Basse-Cochinchine, outre qu'elle est plus petite que l'homme et que sa congénère de Hué, a la face plus ramassée et plus large d'environ 6 millimètres.

Elle s'écarte plus encore que celle du Tong-kin du type Kmer. Le bassin est plus étroit, la jambe plus grêle, le mollet plus élevé et le pied plus petit. Le bras et l'avant-bras sont plus courts que chez sa sœur du haut pays.

Pour la couleur de la peau, l'Annamite a les parties découvertes un peu plus claires que le métis de Chinois ; de même pour la femme ; mais, en revanche, les métis des deux sexes ont le corps moins foncé d'une façon sensible.

La femme Kmer comparée aux femmes Annamites et aux Minh-huongs a la peau plus foncée, très brune et presque noire même chez certains sujets, ce qui tient sans doute au long séjour de leurs ancêtres sur les bords du Gange.

La femme Annamite, au contraire, descendant d'une migration qui a passé au sud de la Chine s'est métissée avec les Chinois qui ont la peau couverte beaucoup plus blanche, tandis que les parties découvertes sont plus jaunes.

J'ai dit que le sein de la femme Kmer, d'après le Dr Maurel était hémisphérique et régulier ; le Dr Mondière, également médecin de la marine, dit que le sein chez l'Annamite ne prend de volume que vers l'âge de 17 ans.

L'aréole en varie beaucoup, mais elle est d'autant plus grande et colorée que la femme est plus blanche (1).

(1) Dr Mondière, *Monographie de la femme en Cochinchine*. (Dans les Mém. de la Soc. d'Anthropologie.) (Tirage à part.)

Après l'accouchement il diminue de volume et s'affaisse.

Chez la Chinoise le sein se rapproche de celui de la Cambodjienne, mais il se charge de graisse vers la 25ᵉ année.

Ces différences sont assez sensibles pour accuser des métissages plus ou moins prolongés entre les différents peuples dont les habitants actuels du Cambodje et de l'Annam ont traversé le territoire pendant leur exode.

Quant aux Siamois, j'ai peu de choses à en dire : le *Pongsava dan Mu'ang nu'a* indique qu'à la suite d'un mariage d'une fille de l'Empereur de Chine avec le roi de Siam, une infiltration pacifique et considérable de Chinois s'accomplit et les métis qui s'en suivirent changèrent le type primitif, de sorte que le Siamois de nos jours diffère aussi bien du Cambodjien que de l'Annamite, et il serait impossible à l'anthropologie de dire quel a été la souche des Siamois.

Peut-être les linguistes seront-ils plus heureux par la comparaison des caractères écrits.

Je renvoie pour cela au vocabulaire des langues prégrammériennes de M. G. Capus et aux travaux de l'explorateur russe du Pamir, M. Ivanow.

A la suite des défaites que leur ont infligées les Turco-Mongols, les Aryens montagnards ont recommencé leurs migrations après que, chassés de leurs derniers refuges, ils ne pouvaient plus se livrer à la culture.

Parmi ces montagnards on cite les Tadjyks, Matchur, Fâns, Yagnaous, Wakhis, Rochis, Chougnis, Badakchis, Garis, etc., et même les tribus qui habitaient l'autre versant de l'Hindo-Kouch, tels les Tchitrahi, Yassinis, Kafirs ; d'autres habitant les vallées du Tien-chan et du Karakoroum, presque tous de race blanche au moment de leurs exodes successifs, surtout les populations des montagnes qui étaient moins métissées et avaient peu subi le contact des vainqueurs.

Quant aux populations de la Sibérie, autour du lac d'Aral, M. de Ujfalvy les dit plus ou moins mélangées de sang éranien comme sont les Usbegs, Kirghises, Kara-Kalpaks, Tiosonks, Kachghariens et Tarantchis. A côté d'yeux légèrement relevés des coins, de pommettes accusées, d'oreilles saillantes et de face carrée, on trouve presque toujours un nez long, une barbe abondante et de la pilosité sur le corps.

Pour cet auteur, les Galtchas du Pamir sont les seuls représentants aujourd'hui presque purs de l'ancienne race blanche, et quant aux représentants de la race Mongole, ce sont les Kalmouks.

C'est entre ces deux types qu'il faut chercher les ancêtres des Chinois, Japonais, Coréens, Annamites, Barmans, Chans, Chagons, Tiao, Cambodjiens et Siamois actuels et parmi les Miaotze, les Lolos ou Lalos, les anciens habitants d'Aracan, d'Ava et de Pégou, venus à peu près tous de la patrie sibérienne comprise entre les monts Ourals et la mer d'Aral et le sud de celle-ci.

Qu'il me suffise pour aujourd'hui d'indiquer ces choses aux jeunes gens, instruits et pleins d'ardeur, qui ont le temps et la santé pour suivre les migrations de ces peuples à travers le continent asiatique afin d'établir sur des bases absolument irréfutables les origines des populations actuelles de l'Extrême-Orient.

Le chemin de fer Transsibérien, que la Russie mène à pas de géant au travers de ces vastes solitudes, leur en facilitera singulièrement l'accès et les conduira presque sur la voie suivie 3.000 ans avant notre ère par les populations de l'Asie sur les bords de la mer de Chine.

Clermont (Oise). — Imprimerie DAIX frères, 3, place Saint-André.

www.ingramcontent.com/pod-product-compliance
Lightning Source LLC
Chambersburg PA
CBHW061522040426
42450CB00008B/1739